내일

지속가능한 미래를 찾아 떠나는 루와 파블로의 세계 여행

Demain
Text by Cyril Dion and Mélanie Laurent
Illustrations by Vincent Mahé
Copyright © Actes Sud, France, 2015
Korean translation copyright © Hanulim Publishing Co., Ltd. 2017
All rights reserved.
Korean translation edition is published by arrangement with Actes Sud, France through
Bookmaru Korea Literary Agency in Seoul.

이 책의 한국어판 저작권은 북마루코리아를 통해 Actes Sud, France와 독점 계약한 ㈜도서출판 한울림에 있습니다.
신저작권법에 의해 한국 내에서 보호를 받는 저작물이므로 무단 전재와 무단 복제를 금지합니다.

내일

지속가능한 미래를 찾아 떠나는
루와 파블로의 세계 여행

시릴 디옹, 멜라니 로랑 글   뱅상 마에 그림   권지현 옮김

한울림어린이

추천의 글

두근두근, 내일을 만들어 가는 세계 여행으로 초대합니다

여행하면 어떤 것이 떠오르나요? 설렘과 새로움 같은 두근두근 기분 좋은 일이 떠오르지 않나요? 여행은 익숙한 일상을 벗어나 새로운 장소에서 마주하는 신선한 만남들이 주는 자극이 있기 때문입니다. 이 책 '내일'을 읽으면 여행이 갖는 설렘과 생생하게 마주할 수 있답니다. 지속가능한 미래를 찾아 떠나는 세계 여행 이야기거든요.

그런데 이 여행은 아주 특별하고 매력적입니다. 발 딛고 있는 오늘의 모습을 새롭게 일깨워 볼 수 있는 여행이기 때문입니다. 사실 대기 오염의 문제는 이제 우리나라에서도 봄철 황사로만 그치는 문제가 아닙니다. 어느새 미세먼지는 계절과 상관없이 생활 속에서 익숙해졌지요. 실제로 이 책의 주인공 어린이들처럼 우리나라의 어린이들도 미세먼지로 인해 운동장에서 마음껏 뛰놀지 못하는 경우가 많습니다.

이 책을 읽으면 최근 전 세계적으로 주목받고 있는 환경 문제 등이 무엇인지 자연스럽게 알 수 있고, 이를 일상에서 어떻게 풀어 갈 것인지 살필 수 있습니다. 또 우리가 발 딛고 사는 지역과 마을에서 어떻게 더불어 행복하게 살아갈 수 있을지를 함께 생각해 볼 수 있습니다.

이 책을 통해 우리가 마주할 수 있는 곳은 프랑스, 덴마크, 미국, 영국, 인도, 핀란드입니다. 책장을 넘기다 보면 어느새 이곳들을 마치 여행하고 현장에서 열심히 살아가고 있는 사람들과 생생하게 마주하고 있는 느낌이 듭니다. 그야말로 세계 여행이지요. 무엇보다 이 여행이 좋은 것은 더 나은 세상을 꿈꾸는 여행이기 때문입니다. 드넓은 세계에 대한 새로운 상상력을 몸소 열어 가면서 희망의 내일을 일궈 가는 사람들과 마주하기 때문입니다.

이 책을 읽으면서 아이들이 새롭게 만들어 갈 내일의 희망을 함께 모색해 보면 좋겠습니다. 그럼 우리 이 책을 벗 삼아 지속가능한 내일을 만들어 가는 세계 여행을 떠나 볼까요.

배성호(전국초등사회교과모임 공동대표)

차례

운동장에 나가 놀 수 없다고요?   9

우리의 내일을 바꾸는 여행, 지금 출발!   16

자연이 하는 그대로 농사짓는 사람들을 찾아서   📍 프랑스 노르망디   23

신재생 에너지를 이용하는 사람들을 찾아서   📍 덴마크 코펜하겐   38

쓰레기를 재활용하고 퇴비로 만들어 쓰는 사람들을 찾아서   📍 미국 샌프란시스코   46

지역 화폐로 지역의 경제를 살리는 사람들을 찾아서   📍 영국 브리스틀   58

민주적으로 마을의 문제를 해결하는 사람들을 찾아서   📍 인도 쿠탐바캄   74

존중과 배려로 아이들이 행복한 교육을 실천하는 사람들을 찾아서   📍 핀란드   84

내일의 세상은 바로 우리의 것이에요!   93

운동장에 나가 놀 수 없다고요?

여러분은 '환경'이 뭔지 아나요? 솔직히 난 여태까지 단 한 번도 환경에 대해 생각해 본 적이 없어요. 더 솔직히 말하면 환경이 뭔지 난 잘 모르겠어요.

맞다! 아빠가 엄마 친구더러 '환경주의자'라고 부르는 건 들은 적이 있어요. 그 아저씬 머리를 감을 때 샴푸를 쓰지 않는대요. 어쩌다 우리 집에 놀러 오면 우리가 쓰는 물건이나 먹는 음식을 보면서 잔소리를 늘어놓기도 하지요. (그래서 난 환경주의자가 짜증 나는 사람을 가리키는 말인 줄 알았다니까요!)

어느 날, 이런 나를 확 바꾼 사건이 일어났어요. 아침에 집을 나서는데 그날따라 몹시 흐렸어요. 난 안개가 끼었나 보다 하고 대수롭지 않게 넘겼지요. 그런데 학교에 갔더니 글쎄 체육 수업이 취소됐다는 거예요. 선생님은 우리에게 쉬는 시간이나 점심 시간에도 운동장에 나가지 말라고 했어요. 공기가 나빠서래요. 교실에만 있어야 한다는 말에 우린 투덜거리기 시작했어요. 특히 가스파르가 아주 억울해했지요. 가스파르는 쉬는 시간 때문에 학교에 오는 애거든요.

　선생님은 우리를 진정시키면서 좀 더 자세히 설명해 주었어요. 이런 날 운동장에 나가는 건 여덟 명이 동시에 담배를 피우고 있는 방에 들어가는 꼴이라나요? 창문이 꼭꼭 닫힌 방에 담배 피우는 사람이 한 명만 있어도 당장 뛰쳐나가고 싶은데 여덟 명이라니요!

　우리는 왜 공기가 나빠진 건지 꼬치꼬치 캐물었어요. 선생님은 가끔 엉뚱한 소리를 할 때가 있거든요. 선생님 말로는 자동차, 비행기, 공장 등에서 나오는 매연이 우리가 사는 도시의 공기 속에 갇혀서 꼼짝 못 하기 때문이래요. 오염된 공기를 마시면 폐암이나 심장병에 걸릴 수 있고, 자드나 막스처럼 천식에 걸린 아이들은 숨 쉬기도 힘들어서 진짜 심각한 문제라고 해요. 선생님의 설명을 들은 우리는 쉬는 시간에 자리에 앉아 책을 읽을 수밖에 없었어요. 휴, 정말 너무해요.

드디어 찾아온 점심 시간. 갑갑해서 몸을 배배 꼬던 우리는 자리에서 벌떡 일어나 식당으로 향했어요. 가스파르는 달리기 선수처럼 냅다 뛰어가더니 오늘의 식단을 맨 먼저 알아냈지요. 나는 배가 엄청 고팠어요. 그때 가스파르가 잔뜩 실망한 표정으로 돌아오더니 한마디 툭 던졌어요.

"오늘 고기 없대!"

난 눈물이 쏟아질 것 같았어요. 반찬은 진짜로 채소 범벅이었어요. 푸석푸석한 감자, 물이 흥건한 강낭콩, 하도 짓이겨 놓아서 형체를 알아볼 수도 없는 토마토……. 먹을 만한 게 하나도 없었어요. 그것도 모자라 밥을 먹으며 영화까지 봐야 했어요. 당연히 떠드는 것은 금지! 하지만 식당 안이 얼마나 난장판이 되었는지는 말하지 않아도 알겠죠? 5분 뒤(그 짧은 시간에도 우리는 장난을 쳤지요.) 식당 안에 선생님 목소리가 울렸어요.

"너희들 이렇게 떠들면 오늘 학교 끝날 때까지 여기서 아무도 못 나갈 줄 알아!"

선생님의 으름장을 들은 다음에야 우리는 자리에 앉아 화면을 보았어요. 선생님이 보라는 건 재미있는 장면이라곤 하나도 없는 엉망진창 애니메이션이었지요. 그런데 기분이 좀 이상했어요. 아마 아침에 들은 공기 오염 얘기 때문이었을 거예요.

애니메이션에서는 해마다 가축 650억 마리가 죽임을 당한다고 했어요. 사람들은 고기를 얻기 위해 지구에 사는 사람 수보다 열 배나 많은 가축을 죽이는 거예요. 그리고 그 가축을 먹이려고 아마존의 숲을 밀어 버리고 거기에 옥수수나 콩을 심는대요. 그곳에 살던 야생 동물들은 집과 먹이를 모두 잃을 수밖에 없지요. 또 배운 게 있어요. 사람들이 가축(특히 닭과 돼지)을 창고 같은 곳에 가둬 키워서 그 가축들은 죽을 때까지 햇빛을 한 번도 보지 못한대요. 병에 걸린 가축은 항생제로 치료하고요. 그렇게 해서 살집이 충분히 오르면 우리가 잡아먹는 거래요. 결국 우린 고기와 함께 항생제를 먹는 셈이지요.

하필이면 점심 시간에 그런 애니메이션을 틀어 주다니, 도대체 누구의 생각이었을까요? 어쨌든 그날 난 감자에는 손도 대지 않았어요.

집에 돌아오자 토할 것 같은 기분과 고기를 만들어 내는 공장을 폭파하고 싶은 기분이 한꺼번에 몰려왔어요. 그래서 컴퓨터 앞에 앉아 있는 아빠에게 갔지요. 내가 학교에서 겪은 일을 이야기하자 아빠는 그런 일을 아주 잘 알고 있는 것처럼 보였어요. 아빠는 모르는 게 없다니까요.

난 아빠에게 왜 사람들이 공기를 오염시키고 가축을 죽이는지 물었어요. 아빠는 그것이 '환경 문제'인데, 사람들 대부분은 그런 문제를 신경 쓰지 않는다고 했어요. 그뿐만이 아니래요. 야생에서 죽어 가는 동물도 많다는 거예요. 지난 40년 동안 사냥이나 어업 때문에 죽기도 하고, 슈퍼마켓 같은 대형 건물이나 도로를 짓느라 숲을 밀어 버리면서 야생 포유류의 서식지가 사라지는 바람에 그 수가 절반으로 줄었다고 해요. 게다가 자동차와 공장에서 내뿜는 매연으로 천식에 걸리는 사람도 늘어났고요. 또 지구 온도가 올라서 극지방의 빙하가 녹아내리고 해수면이 높아졌대요. 그러자 물에 잠기는 도시가 생겨나고, 수백만 명의 사람들이 살던 곳을 떠나야 했지요. 태풍과 해일, 홍수도 세계 곳곳에서 일어나고 있고요.

어쩐지 아침부터 날이 흐리다 했어요. 아빠의 이야기를 듣고 나니 내 기분도 엄청 흐렸지요!

"아빠, 앞으로도 계속 이런 일이 벌어지면 우리는 어떻게 되는 거예요?"

아빠 말로는 그걸 아는 사람은 없대요. 다만 인간이 지구에서 아예 사라질지도 모른다고 말하는 사람들도 있다고 하더군요.

전부는 아니더라도 어쨌든 일부는 사라질 거라고요.
 그런데 수많은 문제들을 이야기하면서 정작 아빠는 아무렇지도 않은 것 같았어요. 참 이상해요.

우리의 내일을 바꾸는 여행, 지금 출발!

    내 이름은 루예요. 나는 열두 살이고, 내 동생 파블로는 아홉 살이에요. 파블로는 좀 어리숙하지만 가끔 괜찮은 구석도 있는 녀석이에요. 우리는 엄마 아빠랑 살아요. 우리에게 엄할 때도 있지만 그래도 우린 엄마 아빠를 사랑해요.

    그날 저녁, 난 파블로에게 선생님과 아빠가 해 준 이야기를 들려주었어요. 파블로는 눈이 휘둥그레졌지요. 그럴 만도 해요. 9년 동안 살면서 처음 듣는 이야기였을 테니까요.
    우리는 문제가 이렇게 심각한데도 아무 생각 없이 팔짱만 끼고 있는 어른들처럼 가만히 있을 수는 없었어요. 뭐라도 해야 했어요. 파블로와 나는 소파에 앉아 땅콩을 먹으며 와인 잔을 기울이는 엄마 아빠 앞에 섰어요.

"루, 파블로. 좀 비켜 줄래? 텔레비전이 안 보이잖아."

엄마가 불평을 했어요. 이게 말이나 돼요? 이런 상황에서 텔레비전이나 보려고 하다니요!

"엄마 아빠한테 할 말이 있어요. 이제부터 파블로랑 나랑 이 세상에서 벌어지는 문제들을 해결할 거예요."

엄마 아빠가 우리를 얼마나 비웃었는지는 말 안 할래요. 보나 마나 '귀여운 녀석들!' 하고 생각했겠지요. 하지만 우리는 물러서지 않았어요.

"어떻게 해결할 건데?"

아빠가 활짝 웃으며 물었어요.

"해결책을 아는 사람이 분명히 있을 거예요. 그런 사람들한테 찾아가서 빨리빨리 좀 움직이라고 말하면 되죠. 엄마 아빠는 어른이니까 우리가 앞으로 뭘 어떻게 해야 하는지 알고 있겠죠? 그렇죠?"

하지만 엄마 아빠는 아무 대답도 하지 못했어요. 정말 기가 막혔지요.

"어휴, 내가 이럴 줄 알았어. 우리랑 같이 찾아다녀요. 지금 벌어지는 문제들을 하나씩 해결하고 있는 사람들을 만나러 가자고요!"

엄마 아빠는 깔깔 웃음을 터뜨리더니 내 말을 단칼에 거절했어요. 그러더니 학교는 어떻게 할 거냐, 엄마 아빠는 직장에 나가야 한다…… 이런저런 핑계를 대기 시작했지요.

　파블로와 나는 2주 동안 '파업'을 하기로 했어요. 파업이 뭐냐고요? 가끔 뉴스에 나오잖아요. 회사에 바라는 것들이 받아들여지지 않을 때 어른들이 하던 일을 다 멈추는 거요. 우리가 할 수 있는 파업은 이런 거였어요. 웃지 않기, 고맙다는 말 하지 않기, 뽀뽀하지 않기, 식탁 차리는 것 돕지 않기. 그것도 모자라서 나중엔 아무 말도 하지 않았지요.

　엄마 아빠는 계속 그러면 벌을 주겠다고 으름장을 놓았어요. 그래서 우리는 새로운 방법을 찾았어요. 바로 '보이콧'이에요. 보이콧은 내가 하고 싶지 않은 일은 하지 않는 거예요. 그래서 매연을 내뿜는 자동차를 타지 않고, 가축이 불쌍하게 자라는 게 싫어서 고기도 먹지 않았어요. 엄마 아빠는 튀긴 양파와 고소한 치즈, 육즙이 줄줄 흐르는 고기를 넣은 햄버거를 일부러 만들었지요. 치사해! 하지만 우리는 유혹에 넘어가지 않았어요. 자다가 일어나서 엄마 아빠가 남긴 햄버거를 먹어 치우긴 했지만요.

그렇게 3주가 되던 날, 엄마가 방문을 빼꼼 열고 들어왔어요.

"아빠랑 생각해 봤는데, 곧 방학이니까 떠나는 것도 그렇게 나쁜 생각은 아닌 것 같더라. 알지 못하는 곳으로 여행을 한다고 나 할까? 그 뭐더라…… 해결책, 그거 찾으러 말이야."

파블로와 나는 엄마에게 달려가 안겼어요. 가끔 어른들도 멋질 때가 있다니까요.

우리 가족이 짐 싸는 모습 보실래요?

아빠는 방바닥에 여행 안내서랑 책을 잔뜩 쌓아 놓았어요. 저녁엔 인터넷을 검색하면서 5분마다 "여보, 와서 이것 좀 봐!" 하고 외쳤지요. 엄마는 울상이 되었어요.

파블로는 가방 하나에 휴대용 게임기랑 게임칩을 잔뜩 넣었어요. 만화책 세 권, 캠핑용 다용도 칼, 헤드랜턴, 그리고 정글의 동물들을 보겠다며 망원경까지 챙겼지요. 나는 파블로에게 산속이나 아프리카 밀림, 바다 한가운데에서는 게임기를 충전하지 못할 거라고 말해 줬어요. 엄마 아빠가 태양열 배터리를 사 주면 또 모르지만요.

나는 장화 한 켤레, 점퍼, 캠핑 갔을 때 삼촌이 사 준 비상용 담요를 챙겼어요. 원래 가볍게 여행하는 걸 좋아하거든요. 코뿔

소가 공격해 오기라도 하면 재빨리 도망쳐야 하잖아요.

　토요일 아침, 드디어 출발 시간이 되었어요. 우리는 거실에서 무릎 위에 가방을 얹고 겉옷을 어깨에 걸친 채 아빠를 기다렸어요. 아빠는 마지막 순간까지 우리가 어디로 가는지 말해 주지 않았어요. 그래서 더 흥분되었지요. 아빠는 거실 한복판에 서더니 스스로 대견한 듯 활짝 웃으며 말했어요.

　"얘들아, 이제 모험이 시작된다! 우리가 갈 곳은 바로…… 노르망디야!"

⋛ 자연이 하는 그대로 농사짓는 사람들을 찾아서 ⋚

접시에 담긴 음식이 어떻게 만들어졌는지 혹시 생각해 본 적 있나요? 나는 없어요. 지난번에 애니메이션을 보면서 고기에 대해서는 꽤 흥미로운 내용을 배우긴 했지요. 채소에 관한 내용도요.

해골이 그려진 용기에 담긴 화학 물질을 쏟아 부은 음식을 먹고 싶은 사람은 아마 없을 거예요. 대체 누가 먹고 싶어 하겠느냐고요? 하지만 원하지 않아도 우리들 거의 대부분이 그런 음식을 먹고 있는걸요. 우주 비행사처럼 옷을 입은 사람들이 트랙터나 비행기로 우리가 매일 먹는 과일과 채소에 농약을 뿌리거든요. 작물을 먹고 자라는 벌레를 없애려고 그러는 것이지요. 벌레를 죽이는 약이라면 우리 몸에도 그다지 좋을 리 없을 거예요. 아주 적은 양이 묻는다고 해도 채소와 과일은 매일매일 먹으니까, 우리 배 속에는 아마 농약이 많이 쌓였을 거예요.

　이건 다 샤를 아저씨와 페린 아줌마에게 배웠어요. 몰랐던 다른 것들도 많이 배웠지요. 아저씨와 아줌마는 아빠가 첫 여행지로 선택한 노르망디의 한 농장에서 농사를 지어요. 노르망디는 프랑스에서 주요 농업 지역으로 꼽히는 곳이에요.
　아저씨와 아줌마의 농장은 아주 아름다웠어요. 짚으로 만든 작은 초가집, 오래된 농기구, 당나귀가 있었지요. 다른 농장들과는 달랐어요. 개 한 마리와 수많은 고양이, 제르멘이라는 이름의 송어 한 마리, 돼지, 조랑말도 있었어요. 농장에서 우리 또래 여자아이들인 샹티와 프누아도 만났어요. 그 애들은 강가의 모래사장에서 놀더라고요!
　그런데 뭔가 이상했어요. 채소가 땅바닥이 아닌, 아주 길게 잘 정리된 흙더미에서 자라는 거예요. 내 표정을 읽은 페린 아저씨가 설명해 줬어요.
　"우린 땅을 갈고 헤집는 대신 흙을 쌓아서 채소를 기른단다."
　"흙을 왜 쌓는 거예요?"
　"땅을 갈면 흙도 피로해지거든. 대신 흙을 쌓아서 밭을 만들면 흙이 더 기름지게 되지."

"그럼 트랙터는 어떻게 지나다녀요?"

파블로가 물었어요. 내 동생은 거기까지 가서 큰 트랙터에나 관심이 있지 뭐예요. 아, 창피해…….

"저런, 여긴 트랙터가 없단다. 대신 말이 있지."

그러자 파블로는 시시하다는 표정을 지었어요. 게임할 때를 빼면 동물에는 영 관심이 없는 녀석이거든요.

"내가 뭐 하나 보여 줄까?"

페린 아줌마가 파블로를 흙더미 옆으로 데려가더니 흙 속에 두 손을 푹 넣었어요. 흙은 아주 부드러워 보였어요. 아줌마는 흙 한 주먹을 파블로에게 건넸지요.

"잘 살펴보렴."

파블로는 흙을 뒤지다가 지렁이들을 발견하고는 엄청 좋아했지요. 난 문득 궁금한 게 생겼어요.

"그런데 왜 트랙터 없이 농사를 지으세요?"

"석유를 쓰지 않기 위해서야. 그러니까 무슨 일이든 다 손으로 해야만 하지."

그건 좀 이상한 생각 같았어요. 손으로 하는 것보다 더 빠르고 편리하게 일하려고 트랙터를 발명한 것일 텐데 말이에요. 그런데 내 생각이 다 들렸던 걸까요? 샤를 아저씨가 활짝 웃으며 나를 바라보더니 설명을 이어 갔어요.

 제2차 세계 대전이 끝나자 사람들은 식량을 싸고 빠르게 생산하려면 드넓은 평야에 한 가지 곡물을 심으면 된다고 생각했대요. 그리고 곡물이 빨리 자라도록 화학 비료를 쏟아붓고 커다란 농기계를 사용해 곡식을 거두었지요.
 문제는, 이런 방식으로 농사를 지으면 자연이 제 역할을 못하게 된다는 거예요. 같은 땅에 곡물을 한 종류만 심으면 안 돼요. 그렇게 하면 땅이 점점 약해지거든요. 우리 몸이 피곤한 거랑 비슷해요. 땅이 약해지면 곡물도 병에 걸리지요. 해충도 생기고요. 농부는 벌레를 죽이려고 살충제를 뿌리지만, 살충제는 결국 벌과 지렁이도 죽이고 인간도 병들게 하지요.

 "와, 그러면 안 되죠!"
 아저씨의 설명이 끝나자마자 내가 소리쳤어요.
 "안 되지. 땅이 약해질수록 화학 비료를 더 많이 뿌려야 하니까. 게다가 화학 비료를 만드는 공장에서는 석유를 이용하니 자동차처럼 대기 중으로 매연을 내뿜겠지? 그러면 공기가 오염되고, 기후 변화로 이어질 수밖에 없어. 땅을 혹사하면 결국 지구에 사는 사람 모두가 먹을 만큼 많은 식량을 생산할 수 없게 될 지도 몰라."

그건 정말 심각한 문제였어요. 농부들까지 지구를 오염시킨다니 해결책이 없어 보였지요. 모든 사람을 24시간 내내 감시할 수도 없는 노릇이잖아요.

그때 아빠가 끼어들었어요.

"하지만 그런 농업 방식 덕분에 세상 사람들이 굶어 죽지 않은 거야. 선택의 여지가 없었지."

"의도는 좋았죠. 하지만 피해가 너무 컸습니다. 이제는 새로운 해결책을 찾아야 해요."

"아저씨 이야기를 들으니 우울해지네요."

샤를 아저씨의 대답에 난 기운이 쭉 빠졌어요. 해결책을 찾을 수 없는 건가 싶었죠.

하지만 샤를 아저씨와 페린 아줌마는 해결책을 알고 있었어요. 그럼 그렇지, 우리가 세대로 찾아간 거예요! 트랙터가 없는 그 농장에서는 석유도 화학 비료도 살충제도 없이 농사를 짓는대요. 그런 농사 방법을 '영속 농업'이라고 부르고요. 자연을 파괴하지 않고 오히려 되살리니까 농사를 오래 이어 갈 수 있다는

뜻이지요. 그래서 '지속가능한 농업'이라고도 한대요. 아저씨와 아줌마는 영속 농업이 무엇인지 자세히 설명해 주었어요.

"작은 밭에서 손으로 농사를 지으면, 같은 면적에서 농부 한 사람이 트랙터 한 대로 짓는 것보다 작물을 열 배나 더 많이 생산할 수 있단다."

"정말요?"

샤를 아저씨는 우리의 반응에 껄껄 대고 웃었어요. 자연에 대해서는 아무것도 몰라서 깜짝 놀랐으니 그럴 만도 했지요.

"물론 그렇게 되기까지 여러 가지 노력을 해야 하지. 먼저 손으로 흙을 보살피는 데 많은 시간을 투자해야 해. 아까 본 것처럼 흙더미를 만들고 흙을 기름지게 만들 퇴비를 줘야 하거든. 퇴비는 주로 가축의 배설물에 부패한 음식물과 풀, 그리고 물을 섞어 만든단다."

"웩!"

"처음에는 고약한 냄새가 나지만 조금만 지나면 그럭저럭 참을 만해. 퇴비가 완성되면 숲에서 나는 흙 냄새가 나지."

"아, 다행이에요."

파블로는 똥에 썩은 채소 이야기까지 나오니 갑자기 흥분하기 시작했어요.

"참, 흙을 밟지 않도록 조심해야 해. 흙이 눌리면 숨을 쉬지 못하거든. 결국 돌처럼 딱딱해지고 말지."

"질식하는 거예요?"

"맞아, 비슷해. 하지만 흙더미를 만들어 퇴비를 주면 작은 동물들과 미생물, 지렁이들이 흙에 공기를 넣어 줘서 곡물이 튼튼하게 잘 자라지."

페린 아줌마 말로는 자연이 하는 일을 보고 그대로 따라 하면 건강하게 농사를 지을 수 있대요. 밭에 하나의 작물만 심는 게 아니라, 여러 작물을 조합하고 그중에서 서로 가장 잘 어울리는 작물들을 찾아내 함께 심는 것이지요.

"이쪽을 보렴. 여기엔 토마토와 바질, 포도를 같이 심었어. 바질은 강한 향을 내뿜어서 토마토를 공격하는 벌레를 쫓아 주거든. 포도는 토마토와 바질보다 높이 자라서 한여름에 그늘을 만들어 주고 물기가 마르지 않게 해 주지. 그래서 물이 덜 필요해."

"바질이 화학 살충제 역할을 대신하는 거네요?"

"맞아. 그런데 우린 바질뿐만 아니라 동물을 이용해 해충을 없애기도 해. 동물들이 서로 먹고 먹히는 먹이사슬 관계로 얽혀 있다는 건 알고 있지? 이런 자연의 원리에 따라 체리에 번식하는 진딧물을 없애는 데 무당벌레를 이용하는 거야. 상추를 갉아

먹는 민달팽이를 없애려면 민달팽이를 잡아먹을 딱정벌레나 새가 필요하고."

당연하게 느꼈던 자연의 원리를 농업에 이용하다니 놀라운 발견이었어요.

"하지만 무당벌레, 딱정벌레, 새가 있으려면 먹이가 충분해야겠지? 살충제 때문에 죽는 일도 없어야 하고. 우리가 이렇게 다양한 작물을 심는 건 사람과 동물 모두가 먹고살 수 있는 공간을 만들기 위해서야. 마치 자연처럼!"

"하지만 너무 복잡하잖아요."

"작물을 심고 농약을 뿌리는 게 농사라고 생각하면 안 돼. 그런 게 아니라서 농사가 재미있는 거라고!"

아저씨와 아줌마가 웃으며 말했어요. 하지만 우리에겐 여전히 풀리지 않는 문제들이 많았지요.

"그런데 여기서 충분한 양을 재배할 수 있나요? 사실 여긴…… 너무 작아 보여요."

"더 촘촘히 심으면 되지. 정밀 파종기가 있어서 너비 80센티미터의 둔덕에 당근 열두 줄, 순무 열두 줄, 콜리플라워 두 줄을 심을 수 있단다. 트랙터를 사용하면 세 줄밖에 못 심지만 우리는 스물여섯 줄을 심을 수 있어."

"그게 다 자랄 만한 공간이 되나요?"

"물론이야. 작물들이 자라는 데 충분한 공간을 유지하려고 신경을 쓰고 있지."

페린 아줌마가 확신에 찬 목소리로 말했어요. 아줌마는 밭 주위에 나무를 심는다는 얘기도 해 주었어요. 나무가 흙을 기름지게 해 주기 때문이래요. 나무뿌리는 흙에 공기를 넣어 주고, 식물이 자라는 데 필요한 비타민을 공급해 준다나요? 또 여름에는 나무 이파리들이 시원한 그늘이 되어 주기도 하고요.

아줌마 얘기를 듣고도 아빠는 구시렁거렸어요.

"다 좋습니다만…… 그래도 밭이 너무 작은 거 아닌가요? 세상 사람을 다 먹여 살리려면 아주 넓은 밭이 필요하다고요. 이 밭에서 나는 채소들은 일요일에 장 보러 나오는 동네 주민들에게나 알맞겠어요."

"대규모 농장도 어느 정도는 필요할지 모르죠. 하지만 소규모 농장만이 지닌 여러 장점이 있어요. 먼저 도시 안이나 도시 주변, 시골, 어디에서든 밭을 일굴 수 있다는 점이에요. 현지에서 먹을 것을 재배하니까 비행기나 배로 실어 나를 필요가 없죠. 그리고 일자리도 아주 많이 늘어납니다. 우리가 농사짓는 방법이라면 기계 대신 100만 명은 고용할 수 있어요. 게다가 농부는

훌륭한 직업입니다. 하루 종일 아름다운 자연과 함께할 수 있으니까요."

"그거야 좋지만……. 역시 식량이 모자랄까 봐 걱정입니다."

샤를 아저씨의 설명에도 아빠는 끝까지 자기 생각이 옳다는 걸 증명하기로 작정했나 봐요. 난 페린 아줌마가 화를 내진 않을까 걱정했는데, 아줌마는 오히려 활짝 웃어 보였어요.

"흔히 사람들은 그런 대규모 농장에서 나는 작물이 우릴 먹여 살리는 줄 착각하죠. 저도 예전에는 그런 줄 알았거든요. 그런데 전 세계 식량 소비량의 70퍼센트는 이곳 같은 작은 농장에서 생산된 거예요. 대규모 농장에서는 주로 가축 사료용 곡물이나 산업용 곡물을 많이 생산하거든요."

나는 커서 페린 아줌마 같은 사람이 되고 싶다는 생각이 들었어요. 세상에 도움이 되는 사람, 그리고 자기 의견만 내세우는 사람들 코를 유쾌한 방식으로 납작하게 해 줄 수 있는 사람요.

"전 아줌마랑 아저씨 말 믿어요!"

그런데 나도 모르게 이런 생각이 입 밖으로 튀어나왔지 뭐예요. 순간, 모두가 날 바라보는 바람에 나는 입을 꾹 다물고 말았어요. 볼이 빨갛게 달아오르는 것 같았지요. 사람들은 모두 호호

깔깔 웃어 댔어요.

"그런데 질문이 하나 있어요. 왜 모든 사람이 아저씨랑 아줌마처럼 농사짓지 않는 거죠?"

"오늘 했던 질문 중에서 가장 좋은 질문이구나."

페린 아줌마가 눈을 찡긋하며 입을 열었어요.

"기존의 농사 방식으로 돈을 많이 버는 사람들이 모든 걸 막고 있기 때문이지. 그들은 농부들이 해마다 트랙터, 화학 비료, 살충제를 사들이길 바란단다. 우리처럼 석유 한 방울 쓰지 않고 자연을 공짜로 이용하면서 농사짓는 걸 바라지 않아."

우리는 노르망디를 떠나면서 석유와 우리가 대기 중으로 내보내는 이산화탄소에 대해 엄마 아빠와 얘기를 나누었어요. 석유를 사용하는 게 지구와 인간에게 모두 해로운데도 왜 사람들은 자동차를 버리지 못하는 걸까요?

아빠는 내가 그런 질문을 하자 무척 좋아했어요. 다음 여행지에서 내가 던진 질문의 답을 찾을 수 있을 거라면서 말이에요. 하지만 곧 난처한 표정을 지었어요. 그러고는 그곳에 가려고 비행기를 예약했는데, 사실 비행기가 자동차보다 더 나쁘다고 털어놓는 거예요. 내가 어떻게 그럴 수 있느냐며 화를 내자 엄마는 기차를 타고 가도 되지 않느냐고 아빠에게 물었어요.

　그렇게 우린 열네 시간 뒤에 다음 여행지에 도착했어요. 기차를 타고서요! 물론 아빠는 내내 못마땅한 표정이었지요.

신재생 에너지를 이용하는 사람들을 찾아서

우리의 다음 여행지는 덴마크의 수도 코펜하겐이었어요. 코펜하겐에 도착한 첫날, 우리는 엘세 아줌마네 집에서 저녁을 먹었어요. 아줌마는 정말 친절한 분이었어요. 코펜하겐 시청에서 일하는데, 파블로보다 프랑스 어를 더 잘하는 거 있죠? 젊었을 때 프랑스에서 공부한 적이 있어서래요.

아줌마는 다음 날 아침 여덟 시에 모여 자전거를 타고 시내를 한 바퀴 돌자고 했어요. 그런데 엄마는 영 마음이 놓이지 않았나 봐요. 사람들이 자전거를 굉장히 빨리 모는 데다가 우리도 자동차 틈에서 자전거를 타는 것에 익숙하지 않았으니까요. 하지만 엘세 아줌마는 코펜하겐의 아이들 모두 그렇게 자전거를 타고 다니니 크게 걱정할 게 없다고 안심시켰어요. 파블로와 나도 자신만만했지요.

다음 날 아침 호텔을 나섰을 때, 우리는 깜짝 놀랐어요. 호텔 바로 옆에 있는 다리 위에 자전거들이 한가득 몰려 있더라고요. 출근하는 사람들이 무척 많았지만 소리치는 사람도 없고, 매연 때문에 기침하는 사람도 없어서 희한했어요.

자전거를 빌리고 나서야 우리는 엘세 아줌마가 왜 안전하다고 했는지 알 수 있었지요. 자동차가 다니는 도로와 사람이 다니는 보행로 사이에 자전거만 다니는 전용 도로가 따로 있었거든요. 자전거 전용 도로는 도로와 보행로만큼이나 널찍했어요.

우리는 한 줄로 나란히 도로 오른쪽에 붙어 천천히 달렸어요. 다른 자전거들은 우리 옆을 쌩쌩 지나쳐 갔지요. 자전거 뒤에 안장을 달아 아이를 태운 사람도 있었고, 두 사람이 동시에 페달을 밟아야 하는 2인용 자전거를 탄 사람도 있었어요.

아줌마는 우리에게 시내 구경을 시켜 주었어요. 바닷가에 가서 인어 공주 동상도 보았지요. 그런데 하루 종일 본 자동차 수가 파리에서 본 자동차 수의 절반밖에 되지 않았어요. 어찌나 놀랍던지! 시내에서 본 거의 모든 사람들이 자전거를 타고 다녔어요. 날씨가 좋아서 그럴 거라고 아빠가 말하자 엘세 아줌마는 고개를 저었어요. 여기 사람들은 추운 날엔 점퍼를 입고, 비가 오면 우비를 입고 모자를 쓰고 자전거를 탄대요.

"아줌마, 그런데 왜 모두들 자전거를 타는 거예요? 사실 하루 정도야 자전거를 타는 게 재미있지만 그래도 몸이 피곤하잖아요. 자동차는 앉아서 가니까 편하고요."

"일단 자전거를 타면 길이 막힐 일이 없어서 더 빨리 이동할 수 있지. 주차할 필요도 없고. 자동차를 사고, 휘발유를 넣고, 주차비를 내는 데 돈도 많이 들잖니. 물론 건강에도 좋고!"

게다가 매연과 소음도 줄일 수 있다니, 더 이상 대꾸할 말이 없었어요. 저절로 고개가 끄덕여졌지요.

"물론 무거운 물건을 옮기려면 자동차가 필요해. 그럴 땐 택시를 타거나 자동차를 빌려서 친구들과 함께 쓰기도 한단다. 그리고 코펜하겐에서는 자전거를 가지고 기차나 전철을 탈 수 있어서 굳이 자동차를 타지 않아도 장거리 여행에 문제가 없지."

아줌마 말이 맞았어요! 자전거로 20분 만에 해변에 도착할 수 있었거든요. 파블로는 신이 나서 눈 깜짝할 사이에 외투와 스웨터, 양말을 벗더니 바다로 뛰어들었어요. 하지만 차가운 바닷물에 발을 담그자마자 다시 옷을 주워 입었지요.

눈앞에 펼쳐진 바다 위에는 아주 커다란 풍력 발전기들이 돌아가고 있었어요. 아줌마가 풍력 발전기를 가리키며 말했어요.

"이 풍력 발전기들은 시청과 주민들이 함께 사들인 거예요."

"주민들이 발전기를 샀다고요?"

엄마는 깜짝 놀란 눈치였어요.

"네. 여기 보이는 발전기의 절반을요. 모두 스무 기니까 열 기겠네요. 발전기 덕분에 돈을 조금 벌 수 있게 됐죠. 은행에서 받는 이자와 비슷하지만 훨씬 더 유용해요."

나는 엄마가 왜 놀란 표정을 짓는지 궁금해서 눈썹을 치켜뜨고 엄마를 계속 쳐다봤어요. 아줌마가 웃으며 물었지요.

"좀 낯설게 느껴지시나요?"

"그럼요. 사람들은 대부분 자기 물건을 사려고 돈을 쓰잖아요. 그런데 시를 위해서 돈을 냈다고 하니 우리에겐 익숙하지 않은 일이죠."

"코펜하겐에서는 전기를 생산할 때 더 이상 석유와 석탄을 사용하지 않으려고 해요. 원자력도 마찬가지고요. 너무 위험하니까요. 그래서 모든 시민이 참여하는 거죠. 아주 당연한 일이에요."

원자력이 위험한 선, 핵폐기물을 제대로 처리하지 않으면 방사능이 새어 나와서 사람들이 엄청난 피해를 입기 때문이래요. 아, 또 한 가지 새롭게 알게 된 사실은 덴마크 사람들은 환경주의자를 '멀쩡한 사람'이라고 생각한다는 거였지요!

"우리는 석유나 석탄 대신 풍력 발전기를 이용해 바람에서 에너지를 얻거나 집열판으로 태양 에너지를 모아서 사용해요. 바닷물과 강물을 이용하기도 하고요. 또 짚이나 나무를 때서 난방을 한답니다."

"정말 석유나 석탄 없이 에너지를 얻는 게 가능하다고 생각하는 건가요?"

우리 집에서 가장 부정적인 아빠다운 질문이었어요.

"지금처럼 기후를 계속 망가뜨릴 수는 없으니 다른 선택이 없죠. 그리고 석유와 석탄은 언젠가 고갈되겠지만 바람과 태양은 영원히 사라지지 않아요. 10년 뒤 코펜하겐에서는 아마 신재생 에너지만 사용할 거예요. 그러면 대기 중에 배출되는 이산화탄소도 없겠죠? 그건 우리 자신을 위해서, 그리고 우리 아이들을 위해서 하는 일이에요."

아줌마의 대답을 들으며 난 엄마와 아빠를 노려보았어요.

우리는 덴마크를 떠나 미국으로 가는 비행기를 탔어요. 영화와 드라마에서 봤던 곳을 간다니 정말 신이 났지요! 우리가 갈 곳은 캘리포니아 주의 샌프란시스코였어요. 그런데 왜 공기를 오염시키는 비행기를 탔느냐고요? 미국이 워낙 멀어서 어쩔 수가 없었어요. 배를 타고 가면 오래 걸리니까요. 그제야 아빠는 입이 귀에 걸렸지요.

"어른들이 지구에 저지르는 끔찍한 일들에 대해서 이제 질문 없지?"

내가 아빠 팔을 꼬집자 아빠의 웃음은 울상으로 바뀌었지요.

"왜 없어요! 바람과 태양으로 에너지를 만들 수 있다는 거, 전 세계 사람들도 다 아는 거잖아요. 그렇죠?"

"그…… 그렇지."

"그런데 왜 다른 나라들은 덴마크를 따라 하지 않아요?"

"왜 안 해, 하지…… 조금……. 그런데 우리가 쓰는 에너지가 워낙 많아서 생산량이 따라갈 수 없을 거야."

"그럼 덜 쓰면 되잖아요!"

파블로가 야단치듯 말했어요.

"네 말이 맞아, 파블로."

엄마가 파블로 손에 있던 게임기를 빼앗으면서 말했어요.

"자, 이제 모든 걸 끄고 우리도 충전 좀 하자. 모두 자야 할 시간이야. 자 두지 않으면 내일 피곤해서 쓰레기 공장에 못 갈걸."

'무, 무슨 공장이라고?'

그때까지만 해도 난 내가 잘못 들은 줄 알았다니까요.

가스파르에게

아빠는 결국 우리를 노르망디보다 더 먼 곳으로 데려갔어. 비행기까지 탔다니까.
비행기를 타고 구름 위를 지나간다니까 파블로가 어찌나 겁을 먹던지……
샌프란시스코(맞아, 미국!)로 가는 길에 '디트로이트'란 도시에 들렀어.
빌딩도 엄청 높고, 시내 곳곳에서 사람들이 채소를 키우는 진짜 희한한 도시야.
채소를 멀리서부터 비행기로 실어 오지 않아도 되니까 대기 중으로 배출되는
이산화탄소(알지? 기후를 이상하게 만드는 기체)도 없다는 거야.
여기 사람들이 기른 토마토를 먹어 봤는데 정말 맛있더라.
돌아가면 우리도 채소밭을 만들자고 학교에 건의해야겠어.
다른 도시에 가서 또 연락할게.

루가.

추신 : 게임기에 대해서도 한마디 해야겠군. 네가 하는 온라인 게임의 아바타가
진짜 살아 있는 에티오피아 사람 40명보다 전기를 더 먹는 거 알아?

미국
샌프란
시스코

쓰레기를 재활용하고 퇴비로
만들어 쓰는 사람들을 찾아서

내가 잘못 들은 게 아니었어요. 샌프란시스코에 도착한 우리가 맨 처음 간 곳은 진짜 쓰레기 공장이었거든요! 쓰레기 공장을 책임지는 사람은 로버트 아저씨였어요. 로버트 아저씨는 엘세 아줌마처럼 프랑스 어를 잘하진 않았어요. 그래도 프랑스 사람을 엄청 좋아하고, 해마다 여름이 되면 딸과 함께 프랑스 남부에 있는 포르크롤 섬에서 휴가를 보낸대요.

우린 먼저 아저씨네 집에 가서 밥을 먹기로 했어요. 그런데 집까지 올라가는 언덕길이 어찌나 가파른지 자전거로 오르는 건 아예 꿈도 꾸지 못할 정도였지요. 샌프란시스코에는 가파른 언덕길이 많더라고요. 엘세 아줌마가 이 동네에 살았다면 어땠을까요?

로버트 아저씨 집은 아주 예쁘고 아담했어요. 집 뒤에는 벌새들이 날아다니는 작은 정원도 있었지요.

아저씨는 우리를 위해 조개를 넣은 파스타와 갖가지 채소를 곁들인 연어 구이를 준비했어요. 그런데 채소 껍질, 포장지, 조개껍데기 등 요리할 때 나오는 쓰레기들을 조리대 위에 모아 두는 거예요. 점심 식사를 마치자 아저씨는 우리를 조리대로 데려가 그 쓰레기들을 보여 주었어요. 엄마가 통역을 해 주었지요.

"집에서는 이걸 어디에 버리나요?"

아저씨는 조개껍데기를 가리키며 물었어요.

"쓰레기통에요."

파블로가 자신 있게 대답했어요.

"맞아요. 그런데 어느 쓰레기통이지요?"

"음…… 그냥 쓰레기통요."

"그럼 이 채소 껍질은요?"

"그것도요."

"그럼 이건요?"

아저씨가 가리킨 건 연어가 담겨 있던 플라스틱 통이었어요.

"그것도 그냥 쓰레기통에 버려요."

난 아저씨의 질문이 조금 지루해지기 시작했어요.

"그럼 이 빈 플라스틱병은요?"

"노란색 쓰레기통요!"

파블로는 있는 힘껏 외치더니 뿌듯했는지 배를 긁으며 우리를 바라보았어요. 의기양양할 때 늘 하는 행동이지요.

"노란색 쓰레기통이 뭔가요?"

로버트 아저씨가 궁금해하자 아빠가 분리수거 쓰레기통이라고 말해 주었어요.

"와우! 아주 좋아요!"

로버트 아저씨가 만족하는 모습을 보니 학교에서 배운 재활용 얘기를 꺼내려고 했구나 싶었어요. 아…… 재미없어.

그런데 그때 로버트 아저씨가 개수대 밑에 있는 초록색, 파란색, 검은색의 작은 통 세 개에 쓰레기를 종류별로 담았어요. 그리고 그 통을 다시 차고로 가지고 나가서 똑같은 색의 큰 쓰레기통 세 개에 각각 비웠어요. 조개껍데기, 채소 껍질, 음식물 찌꺼기는 초록색 쓰레기통에 버리는데, 그걸로 나중에 친환경 퇴비를 만든대요. 플라스틱, 종이 상자, 종이, 금속은 재활용을 위해 파란색 쓰레기통에 버리고요. 나머지는 일반 쓰레기통인 검은색 쓰레기통에 버린다는데 그 통에는 쓰레기가 별로 없었어요.

"우리 집에선 일반 쓰레기통에는 최대한 아무것도 버리지 않

으려고 해요. 검은색 쓰레기통을 많이 채울수록 쓰레기 수거비를 많이 내야 하거든요. 그래서 이곳 사람들은 파란색이나 초록색 쓰레기통을 더 많이 채우려고 하지요. 작년에 쓰레기 분리수거를 잘 해서 16만 달러(1억 9천2백만 원) 가까이 절약한 호텔도 있어요."

아빠는 놀라서 입을 다물지 못했어요.

"쓰레기통에 버려진 건 어디로 가나요?"

내 질문에 로버트 아저씨의 얼굴이 환해지더니 우리에게 직접 보여 주겠다고 했어요. 이제 슬슬 재미있어지는데요! 파블로가 가장 좋아한 건 로버트 아저씨의 하이브리드 자동차였어요. 하이브리드 자동차란 휘발유와 전기를 동시에 써서 엔진을 움직이는 차를 말해요. 소리도 거의 안 나고, 휘발유를 쓰는 자동차보다 매연도 훨씬 덜 나오지요.

파블로는 앞자리에 앉고 싶어 했지만 로버트 아저씨는 안전에 대해서만큼은 엄격했어요. 결국 파블로는 엄마 무릎 위에 앉아서 가는 내내 뾰로통해 있었지요.

로버트 아저씨는 먼저 샌프란시스코와 멀지 않은 오클랜드로 우리를 데려갔어요. 그곳은 분리수거를 하지 않는 도시였어요.

쓰레기 대부분이 거대한 쓰레기장에 버려지지요.

　쓰레기장은 마치 커다란 벌판 같았어요. 수없이 많은 쓰레기가 사방에 널려 있었어요. 끝이 어딘지도 보이지 않았지요. 게다가 쓰레기 더미가 곳곳에 산처럼 쌓여 있었는데, 가장 높은 쓰레기산은 웬만한 건물만큼 높았어요. 여름에 치우지 않은 쓰레기통에 코를 박았을 때처럼 악취가 풍겼어요. 구역질이 났지요.

　로버트 아저씨는 더 가까이 가 보자고 했어요. 우리는 쓰레기 속으로 걸어 들어갔지요. 정말 없는 게 없었어요. 낡은 타이어, 부러지고 더러워진 장난감, 갈매기들이 쪼아 대는 썩은 음식물, 산산조각 난 가구, 텔레비전, 유리병, 플라스틱 포장 용기와 너덜거리는 비닐봉지, 양탄자, 옷, 유리, 깨진 전구…… 거기에 똥까지! 웩, 똥은 정말 심했어요!

　우린 다시 자동차로 돌아왔어요. 내 운동화에 묻은 토사물은 닦아 낸 뒤였지요. 아저씨는 미안하다고 했어요. 하지만 우리가 버린 물건들이 결국 어떻게 되는지 직접 눈으로 보는 게 무척 중요하대요. 아이들이 보기에 조금 끔찍한 광경이어도 말이에요. 그러더니 다시 흥분하며 설명했어요. 열정이 넘치는 아저씨!

　"인간은 물건을 사고 버리면서 지구를 망가뜨리고 있단다. 물

건을 만든다며 나무를 베어 내고, 땅을 파고, 밭을 밀어 버리지. 그것도 모자라 그 물건을 버려서 지구를 오염시키잖니. 땅이나 강물, 바다에 버려진 플라스틱은 물고기와 새의 목숨을 앗아간단다. 또 사람들이 쓰레기를 태울 때 나오는 이산화탄소 같은 온실가스 때문에 지구가 뜨거워졌지. 우리가 버린 텔레비전과 전화기는 아프리카 아이들을 병들게 하고…….”

“우리가 버린 쓰레기 때문에 아프리카 아이들이 병든다고요?”

“자기 나라에는 더 이상 버릴 땅이 없다고 하면서 쓰레기를 배에 싣고 아프리카에 보내거든.”

아저씨 말이 백번 옳아요. 쓰레기장은 진짜 악몽이었어요. 하지만 흥분한다고 기후 문제가 해결되는 건 아니니 난 마음을 가다듬기로 했어요.

“아저씨, 파란색과 초록색 쓰레기통은 어디로 보내져요?”

로버트 아저씨는 씩 웃더니 자동차를 출발시켰어요.

먼저 파란색 쓰레기통이 모이는 공장으로 갔어요. 수십 명의 어른들이 작업복을 입고 커다란 컨베이어 벨트 앞에 서서 쓰레기를 분류하고 있었지요. 플라스틱의 종류를 구별하는 기계도 있었어요. 그 기계는 공기를 내뿜어서 플라스틱을 종류에 따라 서로 다른 통에 보내더라고요. 통조림캔, 깨진 벽돌, 종이 상자

더미들도 보였어요. 분류 작업이 끝나면 플라스틱, 금속, 종이, 유리를 재활용해서 새로운 물건을 만든대요. 그렇게 하면 자연을 파괴할 필요가 없으니, 정말 괜찮은 생각인데요?

초록색 쓰레기통이 모이는 곳은 로버트 아저씨가 가장 좋아하는 곳이래요. 페린 아주머니와 샤를 아저씨 농장처럼 퇴비를 만드는 곳이지요. 음식물 찌꺼기, 정원에서 버려지는 풀이나 나뭇가지가 트럭으로 이곳까지 운반되어 아홉 단계의 과정을 거치면…… 다시 흙으로 변하는 거예요. 꼭 마술 같아요!

로버트 아저씨 말로는 집 마당에서도 퇴비를 만들 수 있대요. 퇴비화 설비를 갖춘 아파트에서도 가능하고요. 음식물 찌꺼기를 모은 곳에 지렁이를 넣어 두면 지렁이가 음식물 찌꺼기를 분해하는 박테리아, 미생물 등을 먹어 치운대요. 그렇게 여섯 달이 지나면 음식물 찌꺼기는 지렁이 배설물이 섞인 최고의 퇴비가 되고요. 하지만 이곳에서는 기계로 퇴비를 만드니까 여섯 달이나 기다리지 않아도 된대요. 이렇게 만들어진 퇴비를 농장에 팔고, 농장에서는 화학 비료 대신 이 퇴비를 밭에 뿌리는 거예요.

퇴비에 든 박테리아와 지렁이가 다시 땅으로 되돌아가면 식물이 자라는 데도 도움이 된대요. 땅도 좋아하고요. 샤를 아저씨와 페린 아줌마도 그렇게 말했어요. 게다가 퇴비는 지구의 온도

를 높이는 온실가스를 흡수해서 땅속에 가둔대요. 나무처럼요! 퇴비는 꽤 많은 문제를 해결하는 해결사예요. 그래서 로버트 아저씨도 퇴비의 열렬한 팬이래요. 아저씨는 세계 여러 도시를 다니면서 퇴비를 만들도록 사람들에게 알릴 거라고 해요.

"샌프란시스코는 2020년까지 쓰레기를 모두 퇴비로 만들거나 재활용하려는 목표를 세웠지. 지금도 이미 그 비율이 80퍼센트나 된단다."

프랑스에서는 그 비율이 25퍼센트밖에 되지 않는다고 해요. 무슨 말인지 정확히는 모르겠지만 프랑스가 좀 뒤떨어진 것 같아요.

숙소로 돌아가는 우리는 무척 피곤했어요. 더럽기도 했고요. 식당 화장실에서 손과 얼굴을 씻었는데, 화장실에는 물기를 닦을 수 있는 휴지가 있었어요. 엄마는 손을 닦은 휴지를 파란색 쓰레기통에 넣었어요. 아빠는 검은색 쓰레기통에 넣었대요. 휴지가 퇴비로 사용될 수 있다는 걸 알았던 사람은 파블로뿐이었지요. 엄마 아빠는 아직 갈 길이 멀었나 봐요.

가스파르에게

안녕? 잘 지냈니? 우리는 막 미국을 떠나왔어. 미국에서 얼마나 많은 걸 배웠는지 몰라. 너한테 들려줄 얘기가 엄청 많아. 선생님한테도 우리 프랑스가 쓰레기 재활용에 있어서는 빵점이라고 말할 거야. 선생님도 그건 모르시겠지?
우리 가족은 지금 아이슬란드에 와 있어. 아빠가 화산이랑 온천을 구경시켜 주고 싶대서. 에너지를 어떻게 생산하는지도 봤는데, 이곳에서는 땅속에 있는 열을 모아서 난방을 한대. 전기도 강과 하천의 힘을 이용한 댐에서 만들고. 프랑스에서도 이 방법을 사용하지만 전기 생산량은 더 적다나? 그런데 말이야, 왜인지는 모르겠지만 여행을 시작한 뒤부터 뭘 사고 싶은 생각이 들지 않아. 영원히 이러는 건 아니겠지? 너무 이상해.
내일은 영국으로 갈 거야. 비가 매일 내리지는 않았으면 좋겠다.

루가.

추신 : 이 말은 못 믿을걸! 파블로가 게임을 그만뒀어. 얼마나 갈지 모르지만.
　　　소식 또 전할게! ^^

지역 화폐로 지역의 경제를 살리는 사람들을 찾아서

영국 런던에 도착한 우리는 브리스틀로 향하는 기차를 탔어요. 기차 안에서 난 샤를 아저씨와 페린 아줌마가 했던 말 때문에 머릿속이 어지러웠지요. 아저씨랑 아줌마가 그랬잖아요. 돈을 많이 버는 사람들이 모든 걸 막고 있다고요. 나는 엄마 아빠에게 그 말이 유기농 농장에만 해당되는 말인지, 아니면 신재생 에너지를 이용하고, 쓰레기를 재활용하고 퇴비로 만들어 쓰는 일에도 해당되는 말인지 물었어요.

"돈이 많은 대기업은 정치인에게 큰 힘을 휘두르곤 한단다. 그래서 정치인들은 기업이 원하는 대로 해 주곤 하지."

"그런 기업이 원하는 게 뭔데요?"

"돈을 최대한 많이 벌길 바라지. 기업은 항상 더 많은 돈을 벌려고 해." 엄마가 대답했어요.

"맞아. 물론 그렇게 말하면 좀 단순화하는 것 같지만……."

아빠가 아리송한 말투로 엄마의 말에 토를 달았어요.

"그래, 내가 원래 단순한 사람이잖아. 단순하지 않은 당신이 더 복잡하게 설명해 보지 그래?"

엄마 아빠의 이런 대화는 핵폭발이 멀지 않았다는 신호예요. 이럴 땐 차라리 내가 나서는 편이 낫지요.

"결국 사람들이 자연을 파괴하고, 지구의 온도를 높이고, 동물을 죽이도록 내버려 두는 건 돈을 더 벌기 위해서란 말이죠?"

"맞아. 물론 그렇게 말하면 좀 단순화하는 것 같지만……."

엄마가 씩 웃으며 아빠를 바라보았어요.

"돈의 힘이 크다는 뜻이지. 금융계가 정부보다 힘이 더 세다고들 말하잖아."

"금융이 뭐예요?" 파블로가 물었어요.

"은행, 금융 시장, 그런 거야. 설명하기 좀 복잡해."

우리가 브리스틀에 가는 이유가 바로 이거예요. 브리스틀은 돈에서 비롯된 문제들을 시민들이 나서서 바로잡고 있는 도시거든요. 원래 한 나라 안에서는 같은 돈을 쓰잖아요? 그런데 브리스틀은 그 도시에서만 사용하는 화폐가 따로 있대요. 그런 걸

'지역 화폐'라고 하고요. 아빠가 인터넷에서 찾아보니, 지역 화폐가 지구상에서 벌어지는 수많은 문제를 해결해 줄 천재적인 방법이라고 말하는 사람들이 많대요.

브리스틀에서 만난 키애런 아저씨는 브리스틀 지역 화폐 대표예요. 아저씨도 돈에 대해 똑같이 설명해 주었어요. 하지만 파블로와 나는 아저씨의 설명을 이해하기 힘들었어요. 그러자 키애런 아저씨는 우리에게 이야기 하나를 들려주었어요.

무인도 하나가 있었어요. 어느 날, 그 근처를 지나가던 배가 침몰해 여덟 명이 살아남았어요. 회계사 파티아, 목수 메디, 가축을 기르는 폴과 레아, 채소를 기르는 루이즈, 산에서 광물을 캐는 토마, 그리고 예술가인 자크와 에마였지요. 이들은 무인도에 머물면서 구조선을 기다렸어요.

무인도는 아름다운 섬이었지만 영화관도 없었고 상점도 없었어요. 심지어 전기도 들어오지 않았고요. 안타깝게도 구해 주러 오는 사람은 아무도 없었어요. 그러자 여덟 명은 일을 나누어 맡기 시작했지요. 루이즈는 채소를 길렀고, 폴과 레아는 사냥을 했어요. 메디는 작은 집을 지었고, 자크와 에마는 시를 썼어요.

이들은 돈이 없었기 때문에 물물 교환을 했어요. 그런데 직접 물건과 물건을 맞바꾸려다 보니 일이 복잡했어요. 메디가 집을 지으려면 한 달이 넘게 걸렸지만 루이즈는 날마다 채소를 줄 수 있었으니까요. 또 상추와 토마토를 얼마나 주어야 집과 바꿀 수 있는지, 고기를 얼마나 주어야 시와 바꿀 수 있는지도 계산해야 했어요. 이 모든 걸 계산해 주는 파티아의 수고는 얼마만큼의 가치가 있는지도 따져 봐야 했고요. 대체 파티아에게 집과 강낭콩, 시를 얼마나 많이 주어야 하는 걸까요? 시간이 지나자 결국 모든 게 뒤죽박죽되었어요. 아무도 제대로 계산을 하지 못했지요.

그러던 어느 날, 또 다른 배 한 척이 침몰했어요. 단 한 명만이 살아남아 무인도에 도착했지요. 그의 이름은 마르탱이었어요. 사람들은 마르탱을 간호하고 보살펴 주었어요. 그리고 그에게 직업이 무엇인지 물었어요. 그런데 그는 은행가였어요! 은행가라면 돈을 만들어 낼 수 있으니 모두가 좋아했지요.

마르탱은 일하기 시작했어요. 메디가 난파선에서 가져온 낡은 천을 자르고 숫자를 써서 돈을 만든 다음, 한 사람당 2만 원씩 주었어요. 그런데 그냥 준 게 아니라 빌려주었어요. 키애런 아저씨의 표현대로라면 돈을 판 것이지요.

"모두에게 2만 원씩 빌려줄 테니까 나중에 2만 2천 원씩 갚아요. 그래야 나도 돈을 벌어서 그 돈으로 여러분이 만든 채소와

시를 살 수 있지요."

한마디로 마르탱은 만 원당 천 원을 더 붙여서 돌려받는 셈이에요. 이때 마르탱이 더 받는 천 원을 '이자'라고 부르지요. 이것이 바로 은행가가 돈을 버는 방법이에요.

사람들은 마르탱의 제안에 모두 만족했어요. 빌린 돈을 갚겠다는 서류에 서명도 했고요. 처음에는 모든 일이 잘되는 듯 보였어요. 사람들은 돈으로 점점 더 많은 물건을 훨씬 편리하게 살 수 있었지요.

하지만 시간이 지나자 다른 사람들보다 돈을 더 많이 버는 사람들이 생겨났어요. 폴이나 레아, 루이즈는 모두에게 날마다 필요한 식량을 생산하는 사람들이었으니까요. 자크나 에마가 만드는 예술품은 사람들이 가끔씩만 사기 때문에 둘은 돈을 훨씬 적게 벌었지요. 돈이 적은 사람들은 마르탱에게 돈을 어떻게 갚아야 할지 몰라 머리를 맞대고 의논하기 시작했어요.

그런데 뭔가 이상했어요!

마르탱은 2만 원씩 여덟 명에게 빌려주었으니 총 16만 원의 돈을 만들었어요. 섬에 있는 돈의 전체 금액은 당연히 16만 원이지요. 그런데 어떻게 이자까지 합쳐서 17만 6천원을 갚을 수 있지요? 돈을 갚는 일은 불가능한 일이었어요. 이자인 만 6천원

은 애초에 존재하지 않았으니까요.

화가 난 사람들은 마르탱을 찾아가 속임수를 썼다고 따졌어요. 마르탱은 은행이란 게 원래 그렇게 돌아가는 것이라고 말하면서 사람들을 진정시키려고 했지요. 그러면서 돈이 충분하지 않아서 빚을 갚지 못하는 것이니 돈을 더 빌려주겠다고 했어요. 사람들이 가진 재산을 은행에 맡기면 그 재산의 가치만큼 돈을 빌릴 수 있다는 것이었지요. 예를 들어 메디가 집을 맡기면 집의 가격만큼 은행에서 돈을 빌릴 수 있는 거예요. 하지만 갚기로 약속한 날까지 그 돈을 갚지 못하면 은행이 집을 갖고요.

그제야 사람들은 마르탱에게 이자를 갚지 못하면 섬 전체를 빼앗기리라는 사실을 깨달았어요. 분명 빚을 갚지 못하는 사람들이 나올 거라는 사실도요. 자신들에게는 그만큼의 돈이 없었으니까요.

사람들은 한자리에 모여서 돈을 마르탱에게 모두 돌려주고 다시는 은행가를 두지 않기로 했어요.

이 이야기를 듣고서야 나는 돈이 어떻게 돌고 도는지 알게 되었어요. 돈을 만들 권력이 있는 사람이 세계를 손에 쥘 수 있다는 사실과 그것이 실제로 오늘날 벌어지고 있는 일이라는 것도요.

키애런 아저씨는 다른 말로 다시 한 번 설명해 주었어요.

"사실 세상에 돌고 도는 돈은 많아. 하지만 그 이익을 얻는 사람은 아주 적어. 돈이 많은 사람은 이자 덕분에 돈을 더 많이 벌게 되고, 그렇지 않은 사람은 점점 더 돈을 잃게 되지."

"왜요?"

아저씨의 말을 하나도 못 알아들은 파블로가 물었어요.

"내가 너보다 부자라고 해 보자. 내가 너한테 1000원을 빌려주고 이자까지 계산해서 1000원이 아닌 1200원을 갚으라고 한다면 나는 처음보다 더 부자가 되겠지?"

"음…… 맞아요. 200원을 더 버니까요."

"그런데 넌 나한테 1000원을 갚아야 할 뿐 아니라, 200원도 어디선가 구해야 해. 그러니 다른 사람한테 빌릴 수밖에 없지."

"어째서요? 훔칠 수도 있잖아요?"

파블로의 말에 키애런 아저씨가 웃음을 터뜨릴 줄 알았는데 내 예상은 빗나갔어요. 키애런 아저씨는 굉장히 진지했어요.

"아니지. 돈을 벌려고 할 거야. 예를 들면 세차를 하거나 청소를 해서 말이야. 그런데 네가 돈을 버는 건 누군가의 돈을 가져온다는 뜻이야. 모두가 충분하게 가질 만큼 돈이 많지 않기 때문이지."

"쳇, 난 세상에 돈이 아주 많은 줄 알았는데……."

"마르탱이 16만 원의 지폐를 만들어서 나누어 주고는 17만 6천 원을 갚으라고 했던 것 기억나지?"

"네."

"현실에서도 마찬가지야. 은행은 돈을 찍어서 사람들에게 빌려주지. 하지만 이자를 낼 돈은 만들지 않아. 모두가 돈을 갚을 수 있을 만큼 돈이 없으니까 사람들은 이자 갚을 돈을 차지하려고 싸울 수밖에 없어. 결국 이자를 갚지 못하는 사람이 생길 수밖에 없고."

"이자를 갚지 못하는 사람은 어떻게 해요?"

"돈을 또 빌리는 거지. 이런 일이 몇 년 동안 반복되면 돈이 많은 사람은 줄어들고 돈이 없는 사람은 늘어나지. 전 세계의 억만장자 85명이 가진 재산이 세계 인구 절반이 가진 돈과 같아."

"진짜예요?"

"그렇단다. 모두가 돈이 필요하기 때문에 돈을 가장 많이 가진 사람이 나머지 사람들한테 돈을 빌려준다고 하고는 일을 많이 해서 이자를 많이 내라고 말하지."

"아…… 그래서 사람들이 돈에 매달리는 거구나."

"바로 그거야!"

키애런 아저씨는 기특하다는 표정으로 날 쳐다봤어요. 그렇다면 우리 엄마 아빠가 날마다 돈을 벌러 회사에 가는 건 이자를 갚아서 부자를 더 부자로 만들어 주려고 그러는 걸까요? 엄마 아빠는 내 질문에 얼토당토않다는 표정으로 대꾸했어요.

"아니야! 우리가 매일 회사에 가는 건 우리 가족에게 필요한 것들을 사고, 집세를 내기 위해서야."

"집세도 이자 아니에요?"

"대단한데!"

내 질문에 키애런 아저씨가 외쳤어요.

"맞아. 이자랑 비슷하지. 너보다 더 부자인 사람이 자기 집을 빌려주고, 그 대가로 돈을 받는 거니까."

"집이 두 채라서 한 채는 필요 없기 때문이죠?"

"그렇다고 할 수 있지. 사실 집은 공짜로 쓰게 하고 혹시 망가진 곳이 있으면 수리비만 내라고 해도 될 텐데."

"에이, 그건 공산주의자들의 망상이죠!"

아빠가 코웃음을 치며 받아치자 엄마가 되물었어요.

"왜 꼭 그렇게만 생각해? 사람들과 나누고 싶은 마음이 들 수도 있잖아. 필요한 걸 다 가졌다고 생각해서 다른 사람들에게 나눠주는 게 무슨 죄라도 돼?"

파블로는 아무 말 없이 우리를 바라보더니 갑자기 물었어요.

"아저씨! 그런데 아까 그 무인도 이야기 말이에요. 그럼 섬사람들은 계속 돈이 없이 사는 거예요?"

"스스로 은행가가 되는 거지. 지금 우리 브리스틀의 상황과 비슷해."

키애런 아저씨 말로는 지역 화폐가 수많은 문제들을 해결해 줄 수 있다던데, 난 조금 의심이 되었어요. 돈 때문에 여러 문제들이 생겼는데 어떻게 돈이 해결 방법이 된다는 건지 이해가 안 됐어요. 키애런 아저씨는 내 표정을 보더니 입을 열었어요.

"브리스틀 주민들은 은행을 거치지 않고 스스로 돈을 만들어 냈단다. 이자를 받지 않기 때문에 돈은 항상 충분하지. 대신 이 돈은 브리스틀 안에서만 쓸 수 있어. 다른 도시에서는 아무 가치가 없지. 또 브리스틀에 사는 상인들의 가게에서만 이 돈을 사용할 수 있단다. 체인점에서는 쓸 수가 없어. 체인점에서 물건을 사면 이 돈이 브리스틀에 남을 수 없거든."

파블로가 고개를 갸웃거리며 물었어요.

"체인점이 뭐예요?"

"슈퍼마켓처럼 어느 도시에 가더라도 있는 똑같은 상점들이란다. 의류와 휴대 전화를 파는 상점을 보면 체인점이 많아. 이

런 상점들은 주주들의 소유란다."

"주주? 그건 또 뭐예요?"

"기업에 돈을 빌려주고 그 대가로 이자를 요구하는 사람들을 말해."

그런데 문제는 기업들이 돈은 많이 벌려고 하면서 돈을 버는 방법은 중요하게 생각하지 않는다는 거예요. 어떤 기업들은 근로자에게 임금도 제대로 주지 않고, 환경까지 오염시키면서 제품을 만들어 내지요. 심지어 어린이들에게 힘든 노동을 시키는 기업도 있대요. 아저씨의 말에 파블로가 엄청 놀란 모양이에요.

"정말요? 아이들이 대체 뭘 만들어요?"

"네가 신은 운동화, 네가 입고 있는 옷 같은 걸 만들지. 네가 매일 먹는 식품이나 휴대 전화도."

"어휴, 끔찍해!"

"맞아. 하지만 물건을 살 땐 그런 사실을 모르고 사니까 안타까운 일이지."

"그런데 체인점이랑 지역 화폐랑 무슨 상관이 있어요?"

"네가 체인점에서 물건을 사면, 네 돈은 이자를 받는 주주에게 가는 거야. 주주는 그 돈을 은행에 맡기고. 하지만 지역 사람이 운영하는 독립 상점에서 물건을 사면, 그 돈은 고스란히 지역에 남아 지역 경제가 튼튼해지지. 예를 들어 체인점보다 세 배나 많은 일자리를 만들 수도 있어."

"정말요? 그럼 대형 할인 매장에 가서 물건을 사는 건 일자리를 없애는 행동이겠네요?"

"결과적으로 보면 그렇단다."

파블로는 어느새 울상이 되었어요.

"그럼 이제 어디서 장을 봐요? 과자는 어디서 사 먹지?"

"하하, 작은 가게에 가면 되지. 네가 사는 지역 사람이 운영하는 가게 말이다."

브리스틀 사람들이 지역 화폐만 사용하는 것은 아니래요. 외부에서 들어오는 물건을 살 때에는 기존의 돈을 사용하지요. 한마디로 두 종류의 돈을 모두 사용하는 거예요. 아빠가 신기하다는 듯 물었어요.

"그럼 너무 번거롭지 않나요?"

"우리가 사는 지역의 경제를 살리고, 지역 사람들 사이에 유대감도 생기니 오히려 좋은 면이 더 많은걸요! 도시를 위한 돈, 국가를 위한 돈, 세계를 위한 돈을 따로 사용하면 은행과 대기업에 힘을 다 주지 않을 수 있죠. 자연의 생태계와 마찬가지로 경제에도 다양성이 필요한 법이니까요."

영국을 떠나는 비행기 안에서 엄마와 아빠는 경제 문제를 놓고 계속 다투었어요.

아빠의 입장은 이거였지요.

"성장이 없으면 어디에서 일자리를 만들어?"

그러면 엄마는 이렇게 반박했어요.

"나무를 다 베어 내고 자원을 모조리 낭비하면 어디에서 성장을 찾아?"

난 엄마 아빠의 말을 다 이해하지는 못했어요. 딱 한 가지 이해한 건 돈이 사람을 이상하게 만든다는 것이었지요. 키애런 아저씨의 말이 생각났어요. 사람들 스스로가 결정을 내리는 것이 중요한데 지금은 은행과 대기업, 정치인들이 그 결정을 대신 내린다는 거예요. 그래서 우리는 아저씨의 소개로 이런 상황을 바꾸려고 노력하는 인도의 한 마을로 향했어요.

인도에서는 또 어떤 일들이 기다리고 있을까요?

인도
쿠탐바캄

민주적으로 마을의 문제를 해결하는 사람들을 찾아서

인도는 그야말로 뒤죽박죽이었어요. 거리는 자동차, 오토바이, 사람들로 들끓었지요. 심지어 소들도 뒤섞여 있었어요. 우리는 첸나이라는 대도시에 도착했어요. 파리보다 인구가 네 배나 많다더군요. 인도의 인구는 10억 명으로, 세계 인구의 7분의 1 정도래요.

나눗셈하느라 머리가 좀 아팠는데, 어쨌든 중요한 건 내 평생 그렇게 많은 사람은 처음 봤다는 사실이에요. 키애런 아저씨가 말했던 부자와 가난한 사람의 차이도 이해했어요. 인도는 프랑스보다 부족한 것이 많아 보였어요.

첸나이에는 그리 오래 머물지 않았어요. 작은 차를 타고 한 시간 거리에 있는 쿠탐바캄이라는 마을로 서둘러 출발했지요. 마을이라고는 해도 주민이 6,500명이나 된대요.

엘랑고 아저씨는 예전에 쿠탐바캄의 마을 대표였대요. 옆으로 가르마를 탄 아저씨는 까무잡잡한 얼굴에 콧수염까지 길러서 처음에는 무척 점잖아 보였어요. 그런데 사실 재미있는 아저씨였어요. 말도 엄청 많아서 엄마 아빠는 아저씨 말을 알아들으려고 애를 써야 했어요.

그런데 얼마 뒤, 엄마 아빠가 두 눈을 반짝이며 우리를 돌아보았어요. 엘랑고 아저씨의 놀라운 이야기 때문이었지요.

아무도 나를 만지려고 하지 않고, 심지어 물 한 잔도 건네 주지 않으려고 한다면 기분이 어떨 것 같아요? 정말 끔찍하겠지요? 그런데 엘랑고 아저씨가 그런 일을 겪었대요. 인도의 '불가촉천민'들은 늘 그런 대접을 받는다고 해요.

엄마 아빠는 옛날부터 인도에 있었던 카스트 제도에 대해 설명해 주었어요. 태어나면서부터 곧바로 가장 높은 계급인 승려 계급, 귀족과 군인 계급, 상인 계급, 노예 계급 등에 속하게 되는 제도였어요. 위에서 아래까지 네 개의 계급이 있었는데, 맨 아래 계급에도 속하지 못한 사람들이 바로 불가촉천민이지요. 원래는 동물을 죽여서 자르고 살과 내장을 발라내는 일처럼, 사람들이 더럽다고 기피한 일을 하는 일꾼을 가리키는 말이었다가 그

냥 그렇게 쓰게 되었대요. 불가촉천민인 엄마나 아빠 밑에서 태어나는 아이는 자동적으로 불가촉천민이 되었지요. 사람들은 불가촉천민을 보잘것없는 존재라고 여겨 말도 걸지 않고, 마치 전염병 환자라도 본 것처럼 그들을 피했다고 해요. 지금은 카스트 제도가 사라졌지만 시골에는 아직도 남아 있대요.

    엘랑고 아저씨도 어렸을 적에 카스트 제도 때문에 고생을 했어요. 하지만 뭔가 잘못됐다는 걸 깨닫고는 언젠가 전부 바꿔 버리겠다고 다짐했지요. 놀랍게도 아저씨는 변화를 일으키는 데 성공했어요. 학교에서 공부를 잘해서 화학자가 된 거예요.(아빠는 공부를 잘했다는 부분을 엄청 강조했어요.) 그러고 나서 첸나이로 가서 돈을 많이 벌었죠. 그런데 아저씨는 행복하지 않았대요. 아저씨가 바라던 꿈은 고향 마을을 변화시키는 것이었으니까요. 결국 아저씨는 직장을 그만두고 쿠탐바캄으로 돌아왔어요. 그리고 마을 대표로 뽑혔지요.
    엘랑고 아저씨가 마을 대표가 되자 높은 계급의 사람들은 아저씨가 복수를 하고 못살게 굴까 봐 걱정하기 시작했어요. 나라면 분명 그렇게 했을 텐데, 아저씨는 생각이 달랐어요. 계급 높은 사람들이나 나보다 똑똑한 아저씨!

아저씨는 어떻게 살고 싶은지 주민들 스스로 결정하게 해 주면 주민들의 삶이 더 나아질 것이라고 믿었어요.

아저씨의 생각은 현실이 되었어요. 아저씨는 주민들을 모두 모아서 계획한 일을 설명하기 시작했지요. 주민들은 그 모임을 누구나 의견을 말할 수 있는 '시민의 모임'이라고 불렀어요. 시민의 모임에서는 마을의 모든 문제를 해결할 수 있는 계획을 함께 세웠어요. 해결할 문제가 꽤 많았지요.

모두의 의견이 모아지자 엘랑고 아저씨는 주민들 모두에게 행동에 나서라고 했어요. 아빠 말로는, 사람들은 원래 대표가 모든 걸 다 해 주길 기다린대요. 그러면서 일이 빨리 해결되지 않는다거나 잘 해결되지 않으면 불평만 늘어놓고요. 아빠도 그랬다고 털어놓았어요. 하지만 쿠탐바캄에서는 주민들이 모든 걸 바꾸기 시작했어요.

먼저, 몇 달 만에 학교를 고쳐서 학교에 한 번도 가 보지 못했던 아이들이 매일 등교하게 되었지요. 아이들이 학교에 가는 게 소원인 곳이 있다니, 정말 믿을 수 없었어요.

엘랑고 아저씨는 쓰레기가 넘쳐 나는 거리에 가로등과 쓰레기통을 설치했어요. 주민들은 마을의 쓰레기를 모두 치웠고요. 로버트 아저씨가 그 모습을 봤다면 얼마나 좋아했을까요.

엘랑고 아저씨는 일자리가 없는 사람들도 돌보았어요. 돈을 마련해서 회사를 만들고 싶은 사람들에게 빌려주었지요. 처음에는 주로 여자들이 돈을 빌렸는데, 엄마는 그게 당연한 거래요. 여자가 남자보다 똑똑하고 대담하다고요. 시간이 지나자 여자들은 번 돈으로 작은 은행을 만들어서 돈이 필요한 다른 여자들에게 이자도 받지 않고 돈을 빌려주었지요. 키애런 아저씨도 이 사실을 알았다면 정말 기뻐했을 거예요!

인도의 대도시 주변에 빈민촌이 많은데, 그곳 사람들은 제대로 된 집이 아니라 양철 지붕과 벽으로 지은 오두막 같은 곳에 산대요. 낡은 널빤지나 시멘트 조각, 흙처럼 주위에서 구할 수 있는 재료로 집을 짓는 거예요.

첸나이에서 실제로 그런 집을 봤어요. 더럽고 쓰러질 듯한 집들이 다닥다닥 붙어 있었고, 비좁은 골목길은 쓰레기로 뒤덮여 있었지요. 내 또래 아이들이 더럽고 찢어진 옷을 입고, 신발이 없어 맨발로 뛰어다녔어요. 그런데 우리를 보더니 활짝 웃으며 함께 놀자고 했지요. 난 우리 집에 널려 있는 쓸모없는 물건들을 생각하며 부끄러운 마음이 들었어요.

쿠탐바캄 마을의 불가촉천민들도 그런 허름한 집에 살았어요. 그들이 사는 동네에는 다른 계급의 사람들이 발도 들여놓지 않았지요. 그러자 엘랑고 아저씨는 시민의 모임에서 이 문제를 의논했고, 주민들은 제대로 된 집을 함께 짓기로 결정했어요. 불가촉천민에게 말도 걸지 않았던 사람들까지 공사에 참여했대요. 몇 달 만에 예쁘고 알록달록한 집이 150채도 넘게 지어지자, 불가촉천민들은 직접 하수구를 만들고 마을의 도로와 우물을 고쳐서 고마움을 표시했어요.

이 모습을 본 아저씨는 불가촉천민과 다른 계급 사람들을 한 동네에 살게 할 때가 됐다고 생각했어요. 처음에 사람들은 아저씨가 미쳤다고 생각했대요. 하지만 결국 시민의 모임에서 이 문제를 토론했고, 한번 시도해 보자고 모두가 뜻을 모았지요.

그렇게 해서 집 두 채를 붙여 놓은 모양의 커다란 집 50채가 들어선 동네가 생겨났어요. 커다란 집의 한쪽에는 불가촉천민 가족이, 다른 쪽에는 다른 계급 가족이 살았지요. 인도에서 처음 있는 일이었어요. 믿을 수 없는 일이 벌어지자 전 지역에서 사람들이 구경하려고 몰려왔어요. 그리고 다른 마을들도 똑같이 해 보기로 결정했지요. 그래서 이런 '쌍둥이' 집이 300채나 들어섰답니다.

쿠탐바캄 마을 사람들은 엘랑고 아저씨를 무척 좋아해요. 하

지만 아저씨는 그 모든 일을 해낸 것은 자기가 아니라, 마을 사람들이래요. 또 아저씨는 사람들이 자기 생각만 하지 않고 함께 문제를 해결하려고 노력하면 세상을 바꿀 수 있다고 말했어요.

"봤죠? 사람들이 그렇게 바보는 아니에요."
내가 마을을 떠나면서 엄마 아빠에게 말했어요. 그래도 아빠는 회의적이었어요.
"프랑스 사람들은 그렇지 않잖아. 자기 생각만 하는 사람들이라고."
"우리 말하는 거야?"
엄마 말에 아빠는 얼굴을 찡그렸지만 평상시처럼 싸움을 걸지는 않았어요.
"맞아. 우리도 비슷하지."
그러자 엄마는 갑자기 아빠 볼에 뽀뽀를 했어요. 아…… 언젠가 엄마 아빠를 이해할 수 있는 날이 오겠지요?
"샤를 아저씨와 페린 아줌마, 엘세 아줌마, 로비트 아저씨, 기 애런 아저씨, 엘랑고 아저씨의 나라에서 보고 들은 걸 아이들한테 가르쳐 주어야 해요. 그래야 우리가 어른이 되었을 때 이런 문제를 겪지 않죠."

이건 파블로가 한 말이에요. 우리 남동생이 뭔가 발전한 것 같지 않아요?

핀란드

존중과 배려로 아이들이 행복한 교육을 실천하는 사람들을 찾아서

 카리 아저씨는 우리가 핀란드에서 가 본 멋진 학교의 교장 선생님이에요. 처음에 엄마 아빠는 많이 망설였어요. 엄마는 몬테소리 학교나 슈타이너 학교에 가 보고 싶어 했고, 아빠는 그런 학교는 부자들을 위한 학교라고 반대했지요. 아주 좋은 학교지만 우리에게 보여 주고 싶은 학교는 공립학교라고 딱 잘라 말했어요. 그래서 카리 아저씨 학교에 가게 된 거예요.

 나는 인터넷에서 본 사진들을 떠올리며 우리의 마지막 여행지인 핀란드에서 우거진 숲이나 아름다운 옛 노시를 볼 수 있을 줄 알았어요. 그런데 정말 실망스러웠어요! 이곳은 못생긴 회색 건물이 늘어선 교외 도시 같았거든요. 상점도 거의 없고요.
 나중에 카리 선생님에게 들으니 학교가 가난한 지역에 있기

때문이래요. 학생의 절반이 외국인이고요. 그런데 학교 건물은 크고 아주 예뻤어요. 커다란 유리벽도 있었고요. 모든 게 깨끗해서 빛이 났다니까요. 또 건물 벽 색깔도 다양했고, 학생들의 피부색도 다양했고, 입고 있는 옷도 분홍색, 초록색, 노란색, 파란색으로 다양했어요.

키애런 아저씨가 말했던 다양성이 생각났어요. 그 다양성을 핀란드의 학교에서 본 것 같았지요. 학생이 500명도 넘었지만 내가 다니는 학교처럼 시끄럽지 않았어요. 그래도 재미있게 지내는 것 같았지요.

카리 선생님은 먼저 우리를 교실로 안내했어요. 그런데 복도에서 아이들을 보고 깜짝 놀랐어요. 학생들이 선생님 팔에 막 매달리는 거예요. 고학년 학생들은 선생님에게 농담까지 하고 선생님도 함께 웃더라고요. 우리 학교에서는 도저히 상상할 수 없는 광경이었어요.

내 또래 아이들이 영어 수업을 받고 있는 교실에 들어섰을 때 또 한 번 충격을 받았어요. 학생은 고작 열두 명인데, 선생님이 두 분이나 있었거든요. 나는 주위를 둘러보며 카리 선생님에게 물었어요.

"선생님, 그런데 나머지 학생들은 다 어디 있어요?"

"무슨 학생?"

선생님은 입을 크게 벌리고 웃었어요. 알고 보니 이곳 학교에는 반을 둘로 나누어 가르치는 과목이 많대요.

"그런데 저쪽 선생님은 누구예요?"

"보조 선생님이야."

"보조 선생님이 왜 필요해요?"

"담임 선생님과 학생들을 도와줘야 하기 때문이지. 예를 들어 외국인 학생이 핀란드 어를 못하면 보조 선생님이 통역을 해 준단다. 공부를 어려워하는 학생이 있다면 그 학생과 시간을 더 많이 보내며 공부를 돕기도 하고. 그래야 수업 내용을 이해한 다른 학생들이 진도를 나갈 수 있으니까. 학생이 적을수록 선생님이 학생 한 명 한 명과 더 많은 시간을 보낼 수 있지."

"그럼 돈이 많이 들겠군요?"

정말 우리 아빠다운 질문이었어요.

"교사를 고용하기 위해 돈을 많이 쓰는 대신 다른 곳에서 돈을 아낍니다. 예를 들어 낙제하는 학생이 없도록 하는 거예요. 그러면 아이들이 더 빨리 배우거든요. 또 수업을 평가하는 장학사가 없답니다."

"그래요? 그럼 교사들이 제대로 가르치는지 어떻게 알죠?"

"핀란드에서는 교사를 교육하는 데 많은 시간을 투자합니다. 교사들은 몇 년에 걸쳐 수업하는 교실에 들어가 배우고 익혀야 합니다. 그러고 나서는 교사가 마음껏 가르칠 수 있도록 해 주죠. 평가 받지 않아도 될만큼 자신 있는 거죠."

우리는 다른 교실에도 들어가 보았어요. 아이들은 우리와 똑같이 수학, 역사, 문법을 배우지만, 우리 학교에서는 가르치지 않는 과목도 많이 배우고 있었어요. 뜨개질과 바느질, 옷 만들기, 나무와 금속, 가죽 다루기, 물건 만들기, 빨래하기, 정리하기, 청소하기, 요리하기, 그림 그리기, 악기 다루기 같은 거였어요.

엄마 아빠가 우리도 그런 걸 배우면 좋을 것 같다고 하자 카리 선생님이 다시 말을 이었지요.

"이런 수업 덕분에 아이들이 부모에게서 독립해도 잘 살아갈 수 있습니다. 적성도 알 수 있고요. 졸업생 중 절반은 기술직을 선택하고 절반만 대학에 간답니다."

"기술직은 공부 못하는 사람이 갖는 직업 아니에요? 저랑 가장 친한 친구의 언니는 두 번이나 낙제하는 바람에 기술고등학교에 갔어요."

"여기에서는 그렇지 않단다. 제빵사가 되는 것이 은행에서 일하는 것만큼 중요하다고 생각하지."

"물론이죠. 제빵사가 더 중요해요. 돈은 먹을 수 없잖아요."

파블로가 혼잣말을 했어요. 아깝다, 내가 먼저 생각해 냈어야 하는 건데!

그다음에 우리는 마야 선생님의 교실로 갔어요. 빨간 머리칼에 키가 작은 마야 선생님이 우리를 보고 상냥하게 웃었어요. 내가 항상 꿈꾸던 선생님의 모습이었지요. 과학 수업 중이었는데 몇몇 아이들만 책상에 앉아 있었고, 다른 아이들은 바닥에 앉아 있었어요. 아예 배를 깔고 누워 책을 읽는 아이들도 있었고요.

파블로와 내가 눈을 동그랗게 뜨고 아이들을 바라보자 마야 선생님이 웃으며 다가왔어요.

"내가 어렸을 때는 여기도 지금 너희들의 교실과 똑같았어. 모든 학생이 책상에 똑바로 앉아서 선생님의 말을 들어야 했지. 하지만 지금은 달라졌어. 학생이 편해야 더 쉽게 배울 수 있거든. 또 우린 학생들의 차이를 살펴서 맞춤 교육을 하고 있어. 책을 읽거나 소리로 들어야 더 잘 배우는 학생이 있고, 손으로 직접 실험해 보거나 자연 속에서 더 잘 배우는 학생이 있으니까."

"우리 학교는 그렇지 않아요. 담임 선생님이 모든 학생을 똑같이 가르치고, 잘 못 따라가는 학생은 낮은 점수를 받죠."

"그렇구나. 하지만 너희는 학생 수가 많으니까."

"맞아요. 우리 반 애들은 모두 스물아홉 명이에요."

"선생님 한 명이 그렇게 많은 학생을 가르치는 건 불가능하지. 그래서 우리는 보조 선생님도 있고, 학생 수도 적은 거야."

"말 안 듣는 학생도 있나요?"

굳이 말 안 해도 알겠지요? 이건 우리 아빠의 질문이었어요.

"물론이죠. 그런 문제가 없는 학교는 아마 세상에 없을걸요."

"그럼 어떻게 해결하세요?"

"아이들과 대화를 나누고 문제가 뭔지 이해하려고 노력합니다. 개인적인 문제인지, 아니면 학교생활에 문제가 있는 것인지 알아보고 함께 해결책을 찾으려고 하죠."

"그렇게 하면 정말 문제가 해결될 수 있다고 생각하세요?"

"항상 답을 찾을 수 있는 건 아니지만 대부분은 해결됩니다. 처벌은 최대한 피하려고 하죠. 벌 받지 않으려고 행동을 바꾸기보다 왜 좋은 태도를 갖추어야 하는지 아이들 스스로 깨우치기를 바라니까요. 타인을 존중하고 자연을 중요하게 여기는 책임감 있는 어른으로 키우려면 아이들이 먼저 존중받아야 해요. 두려워서나 화가 나서가 아니라 심리적으로 충분히 안정된 상태에서 제대로 된 선택을 하도록 해야 하죠."

카리 선생님의 이야기를 듣고 있던 엄마 아빠는 선생님이 말을 멈추자 우리를 돌아보았어요. 우리는 서로를 바라보며 환하게 웃었지요.

내일의 세상은 바로 우리의 것이에요!

집으로 돌아오는 내내 내 머릿속에는 다양한 생각이 들었어요. 아주 많은 걸 깨닫게 되었지요. 특히 사람들이 돈에 집착한다는 생각이 들었어요. 어른이 되면 난 그렇게 되지 말아야겠다는 생각도 했어요. 자연과 마찬가지로 인간에게도 다양성이 필요하다는 생각도 했고요. 우리도 자연의 일부니까요. 난 커서 내가 좋아하는 일을 하고 싶어요. 은행에 이자를 갚으려고 매일 아침 출근하고 싶지는 않거든요.

이제부터는 유기농 식품을 먹기 시작하려고요. 아빠에게 자전거도 고쳐 달라고 할 거예요. 학교에서는 가스파르에게 말했던 텃밭을 만들고, 반 아이들과 함께 숲으로 가 쓰레기를 주울 거예요. 운동장에 퇴비 만드는 시설을 설치할 수도 있고요. 내가 이런 얘기들을 꺼내면 담임 선생님은 날 놀란 눈으로 쳐다보겠지요?

사실 이런 생각을 한 건 나뿐만이 아니었어요.

집에 돌아온 뒤 아빠는 컴퓨터 앞에서 보내는 시간을 조금씩 줄였어요. 자전거로 출근도 하고, 일요일에는 자전거를 타고 우리와 함께 더 자주 숲에 놀러 가요. 온 가족이 함께 다듬은 채소로 요리도 해 준다니까요!

엄마는 수요일 저녁마다 직접 생산한 농산물을 파는 농부 아저씨를 찾아냈어요. 한 번은 그 농장에 직접 찾아가기도 했지요. 엄마는 샤워젤, 샴푸, 식기 세척제, 화장품에 적힌 성분들을 꼼꼼히 살핀 다음 위험한 화학 물질이 든 제품은 모두 버렸어요. 이제는 유기농 제품만 사고, 가끔은 화장품을 직접 만들어 쓰기도 해요.

파블로는 더 이상 갖고 놀지 않고 옷장에 쌓아 둔 장난감을 꺼내서 모두 자선 단체에 기부했어요. 그 단체에서는 장난감을 분류해서 필요한 아이들에게 나눠 줄 거예요.

물론 아직 완벽하지는 않아요. 우리 가족은 여전히 피자를 시켜 놓고 텔레비전을 보며 먹는 걸 즐겨요. 고기도 조금 먹고요. 예전보다는 덜하지만 군것질도 하지요. 어느 나라에서 만들었는지 도통 모를 옷을 입기도 해요. 여전히 비행기도 타고 자동차도 타요.

 하지만 점점 덜하게 될 거예요. 그러다 보면 언젠가는 아예 안 하게 되는 날이 올 테고요. 어쩌면 태양 에너지로 나는 비행기나 물을 연료로 해서 달리는 자동차가 가까운 미래에 발명될지도 모르지요. 한 가지 확실한 건, 이 이야기가 끝나려면 아직 멀었다는 거예요.

 아마 지금까지 내가 말한 모든 걸 알게 되는 어린이들이 곧 많아질 거예요. 그 아이들은 알게 된 얘기를 어른들에게 들려주겠지요?

 몇 년 뒤면 우리는 어른이 돼요. 우리가 함께 힘을 합치면 전에는 상상할 수 없었던 일들을 해낼 수 있을 거예요. 지구도 살리고요. 내일의 세상은 바로 우리 것이니까요. 농담이 아니고 진짜로요!

여러분도 우리의 내일을 위해 뭔가 시작하고 싶지 않나요? 여행을 다녀와서 내가 다짐한 내용을 소개할게요. 여러분도 할 수 있는 일들을 생각해 적어 보아요.

먹기

- 부모님에게 유기농 식품을 사자고 말해요.
- 들판에서 풀을 먹고 자란 가축의 고기만 먹어요.(이왕이면 앞으로는 고기를 덜 먹어요.) 가장 좋은 건 유기농 고기예요. 안전하니까요!
- 가능하면 가까운 곳에서 생산한 식품(초콜릿은 불가능하지만)을 골라요. 멀리서 오면 이산화탄소가 더 많이 배출되니까요.
- 대형 할인 매장에서 식재료를 사지 않아요.(어쩔 수 없을 때만 가요.)

이동하기

- 자동차를 덜 타고 자전거를 이용해요. 걷는 것도 좋아요!
- 되도록 비행기를 타지 않아요.(이번 여행에서는 실패했지만요.)
- 로버트 아저씨처럼 하이브리드 자동차를 살 수 있는지 엄마 아빠와 알아봐요.
- 아니면 자동차를 없애고 이웃과 차 한 대로 서로 나눠 타요.

재활용하기

- 사는 곳의 분리수거 규칙을 꼭 지켜요.
- 부엌에 퇴비용 쓰레기통을 마련해 놓아요.
- 집에서 퇴비를 만들어 봐요. (정원이 없어도 가능해요.)
- 모든 걸 재활용하려고 해 봐요.
- 물건을 아끼고, 망가진 물건은 버리지 말고 고쳐서 써요.

물건 사기

- 꼭 필요한 물건만 사요.
- 가족끼리 아무것도 사지 않는 날을 정해요.
- 체인점이나 대형 할인 매장 대신 마을의 독립 상점이나 협동조합을 이용해요.
- 어느 지역에서 만들어진 물건인지 확인해요.
- 어린이나 낮은 임금을 받는 노동자가 만든 물건이면 사지 않아요.
- 몸에 해로운 물건, 재활용할 수 없는 물건은 사지 않아요.

참! 이번 여행에서 느낀 것들을 시로 써 봤어요. 그 시도 여러분에게 소개할게요.

창가의 레오

창가의 레오는
오늘 밤 웃음을 잃었어요.
작은 머리에 가득 찬 생각,
수많은 질문과 한숨.

달님은 못 본 척하네요.
밤하늘의 별도요.
레오의 눈에 비친 세상은
파스텔 그림처럼 흐릿하기만 해요.

레오의 질문은 당연해요.
어른이 된다는 건 뭘까?
어른이 되는 건 나쁜 걸까?
어른이 되면 재미없어질까?

어른들은 지구를
쓰레기통이라고 생각해요.
어리석은 짓도 하지요.
하지만 지구는 영원하고
인간은 그렇지 않은걸요.

창가에 날아와 앉은
새 한 마리.
예쁜 찌르레기로군요.
구름을 뚫고 물을 가로지른 찌르레기는
여행에서 무엇을 배웠을까요?

"세상은 병들고 있단다.
숲이 파괴되고
밭은 파헤쳐졌지.
물고기가 고통받고
동물들이 눈물을 흘리지.

자연보다 강한 인간.
그것이 이 세상의 생각이지.
하지만 인간이 바꿀 수 없는 일도
있는 법이야."

멋쟁이 붉은 개미가
창가에 다가와요.

"찌르레기야, 네 말이 맞아.
나도 너와 같은 생각이야.
하지만 달을 쳐다보는 아이의
걱정하는 마음이 애처롭구나.
해결책은 많으면 많을수록 좋지.
하늘을 여행하는 동안
착한 사람들을 보았니?
더 아름다운 삶과 더 행복한 삶을
꿈꾸는 사람들을 보았니?"

생각에 잠겨
아무 말도 하지 않는 찌르레기.
슬픔에 빠져 마음이 무거워진 레오.
붉은 개미는 찌르레기와 레오를
돕고 싶었어요.
그때 거미가 나타났지요.

"난 해결책을 알고 있어.
착한 사람들을 본 적이 있거든.
레오야, 걱정하지 마.
슬퍼하지 말고 들어 봐.

난 유기농 농장에서
일하는 지렁이를 만났어.
동물을 소중하게 생각하고
보호할 줄 아는 사람들과 함께 있더군.

지렁이가 알려 주었지.
'여기에서는 살충제도, 트랙터도,
석유도 쓰지 않아.
산성비도 적게 내리지.
난 무성한 잡초 속에서 일해.
우리는 열매와 곤충을 좋아하지.
이슬의 향기도 사랑해.
이곳은 우리가 존중하는 장소야.
다양성은 마법 같은 것이더라.'

난 발전소 옆에 사는 비버도 만났어.
발전소는 환경을 오염시켰지만
사람들은 아무렇지도 않게 생각했어.

비버는 말했지.
'이제 그만! 더 이상 참을 수 없어!
짐을 싸서 이곳을 떠날 거야.
얘들아, 안녕. 난 다른 호수로 갈 거야.
인간들의 장난을 받아 주기엔
난 너무 늙었어.'

비버는 자신을 위한 천국을 찾았어.
에너지로 쓸 바람과 땅, 물 조금,
그리고 태양만 있으면 부러울 게 없었지.
그건 선물이었어.

기술을 얻은 인간은 겸손함을 잃었지.
지혜와 삶의 힘은
모두 다양성 속에 있다는 걸
깨닫지 못하는 인간들.

달팽이가 말하더군.
'경제도 마찬가지야.
조금 쉬어가면 될 것을.
인간은 항상 더 많은 것,
더 빠른 것을 원하지.
물건을 쌓아 두고, 버리고, 다시 사지.
백화점을 좋아하고,
명품 운동화가 아니면
살 수 없을 것 같다고 해.
가질 수 없다면 차라리 죽겠다고.'

나는 황새도 만났어.
황새는 평생 학교에서
벌새를 가르쳤어.

벌새는 세상에서
가장 마음이 따뜻한 새야.
내 친구 황새가 뭐라고 했는지 알아?　　'난 어른이 되어도
마음만 따뜻하면 더 바랄 것이 없대.　　붉은 개미와 찌르레기,
　　　　　　　　　　　　　　　　　　비버와 거미,
아이들에게 상냥함과 자유로움,　　　　지렁이와 달팽이를 절대 잊지 않을 거야.
정직함을 일찍 가르칠수록
어른이 되어서　　　　　　　　　　　　어른이 되어도
좋은 세상을 만들 가능성이 커져."　　　빨리 가려 하지 않고
　　　　　　　　　　　　　　　　　　불선을 모으려 하지도 않을 거야.
레오는 웃음을 되찾았어요.　　　　　　대신 내 방 창가로 갈 거야.
동물 친구들에게 감사했지요.
잠들기 전에　　　　　　　　　　　　　무심한 달님과
레오는 삶에게 약속을 했어요.　　　　　밤하늘의 별을 올려다볼 거야.
　　　　　　　　　　　　　　　　　　어른이 되어도
　　　　　　　　　　　　　　　　　　수많은 질문을 계속 할 거야.'

글쓴이   시릴 디옹

영화감독이자 작가로 활동하고 있으며 국제환경보호단체 콜리브리의 공동 창업자이기도 합니다.
멜라니 로랑과 함께 시나리오를 쓰고 연출한 다큐멘터리 영화 〈내일 Demain〉로 2016년 세자르영화제
최우수 다큐멘터리상을 받았습니다. 지은 책으로 《내일, 새로운 세상이 온다》 《내일을 바꾸는 작지만 확실한 행동》
《작은 행성을 위한 몇 가지 혁명》이 있습니다.

글쓴이   멜라니 로랑

프랑스의 배우이자 영화감독으로, 10년 넘게 NGO 활동을 해 오고 있습니다.
시릴 디옹과 함께 다큐멘터리 영화 〈내일 Demain〉을 찍을 무렵 태어난 아들 레오가 앞으로 살아갈 세상을 위해
도움이 될 만한 작업을 계속하고 싶어 합니다.

그린이   뱅상 마에

프랑스에서 가장 흥미로운 일러스트레이터로 떠오르고 있으며, 〈뉴욕 타임스〉 〈ESPN 매거진〉 〈벵테앙〉 등에
그림을 그리고 있습니다.

옮긴이   권지현

한국외국어대학교 통역번역대학원 한불과를 나온 뒤 파리 통역번역대학원(ESIT) 번역부 특별과정을 졸업했으며,
동 대학원 박사과정을 졸업했습니다. 지금은 이화여자대학교 통역번역대학원 겸임교수로 재직 중입니다.
옮긴 책으로 《내일을 바꾸는 작지만 확실한 행동》 《내일, 새로운 세상이 온다》 《내일을 지키는 작은 영웅들》 《1초마다 세계는》
《직업 옆에 직업 옆에 직업》 《오늘의 식탁에 초대합니다》 등이 있습니다.